镯之初

◎ 卿烈军 李峰 著

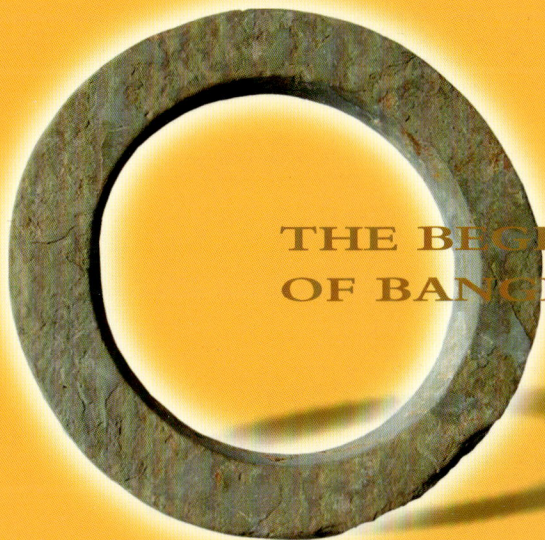

THE BEGINNING
OF BANGLES

山西出版集团
山西人民出版社

图书在版编目（CIP）数据

镯之初 / 卿烈军，李峰著. -- 太原 ： 山西人民出版社， 2011.1

ISBN 978-7-203-07124-2

Ⅰ . ①镯… Ⅱ . ①卿… ②李… Ⅲ . ①首饰 - 收藏 - 中国 Ⅳ . ①G894

中国版本图书馆 CIP 数据核字(2010)第 263239 号

镯之初

著　　者：卿烈军　李　峰
责任编辑：梁小红
装帧设计：李　峰　何寅彪

出 版 者：山西出版集团·山西人民出版社
地　　址：太原市建设南路 21 号
邮　　编：030012
发行营销：0351-4922220　　4955996　　4956039
　　　　　0351-4922127(传真)　　4956038(邮购)
E-mail：sxskcb@163.com　发行部
　　　　sxskcb@126.com　总编室
网　　址：www.sxskcb.com

经 销 者：山西出版集团·山西人民出版社
承 印 者：山西天辰图文有限公司

开　　本：787mm×1092mm　　1/16
印　　张：8.5
印　　数：1-1500 册
版　　次：2011 年 1 月　第 1 版
印　　次：2011 年 1 月　第 1 次印刷
书　　号：ISBN 978-7-203-07124-2
定　　价：89.00 元

如有印装质量问题请与本社联系调换

古　镯

粗中见细，
望着你细细品味。
简里藏美，
我为你情动心醉。
出土面世，
唤醒你千年沉睡。
游走四方，
我将你收集成类。
圆又生圆，
代代与世人相随。
基因是圆，
圆终在圆里轮回。

《镯之初》内容简介

　　本书用全国各地收集到的100余个古旧镯子的图片(其中有石器时代的镯子图片40余幅)组成了一个镯的收藏专题系列,并以此为平台将古镯的初始形态进行展示,对镯的历史进行追溯和梳理。同时用实物图片让世人了解中国是镯子——当今世界上最流行、最普及的一种首饰的最早发源地,中国人是镯子的最早制作者和使用者。

　　本书是国内第一本关于古镯的专著。作者在收集、保护民间流散文物之时,也在发掘民族文化之路上迈出了探索的步伐。

The Introduction of *The Beginning of Bangles*

　　A collection of over 100 antique bangles around the country is carefully photographed, recorded and commentated in this book. The purpose of this book is to present a showcase of the diversity of bangles in terms of shape, design, material and meaning.The author is dedicated to exploring and investigating the history and the cultural meanings behind the ancient bangles. The author believes that China is the country where some of the earliest forms of the bangles are made and worn.

　　This book is the first monograph on the subject of ancient bangles. The author not only devotes to the collection and the protection of the Chinese cultural relics, but also intents to seek the path of the exploration of the Chinese national culture and essence.

目 录

Contents

作者的话
Author´s Note

　　本书有古旧镯子图片 100 余幅,这些图片摄自实物,分为三类:高古镯、古镯和老旧镯。高古镯是新石器时期的遗存,古镯是宋金元时期的实物,明清时期的被称为老旧镯。因为都是民间之物,收集于各地的古玩摊点和游商之手,所以实物的年限只能大致推断,错谬难免。在此问题上,我们的观点是"有胜于无"。因为,一个假设的结论总比没有结论好。

　　本书中的图片排列是依据实物的年代先后进行的, 这是我们的愿望,但不一定能如愿。比如,有些看似古旧的镯子,不一定比那些看上去光润如新的更老,这是出土古器中常见的事,因为古物所遭遇的环境不一样。又如,有些看上去做工原始的镯子不一定比那些看上去做工细致的更古老,因为中国太大,各地的发达程度不一样,工匠水平也不一样,用原始的方法制器,在一些不发达地区保留了数千年之久,因而断代辨伪的问题需要综合地去思考,辩证地去对待,力避固执与僵化。尽管如此,为了叙述上的方便,本书还是从做工的难易、浸色的重轻等情况出发,给实物排了序,供大家参考、思考。还是那句话,"有胜于无","有"则更利于爱好者们"有的放矢",共同探讨。

　　古玉难寻,古镯更难寻,这是一些收藏者发出的感慨。最近三十年来,收藏成风,造假也随之成为一种职业和行当,并且无法律制约,古玩市场上真假难辨,求得真物不易,有此感慨不足为怪。然而在三十年来的飞速发展中,全国各地在地上面貌一新的同时,地下古物也不断面世,出土文物的存在如今已是一个不争的事实。对于收藏者来说,在这真假难辨的特殊领域里,有机会也有风险,成败全在自己,所谓"真在假中藏，看你识不识"。

想在收藏中有所收获，眼力重要，观念更重要。一些人的思想很狭隘，他们总想在古玉的收藏中寻找和田玉，在古镯的收藏中寻找"和田白玉，还要适合戴在手上的"等等。这种以现代人的眼光去衡量搜寻古物的做法，使收藏变成了空忙，并因此而上当。因为，想收藏到和田白玉的古镯同想收藏到瓷器中的"官窑"是同等概念，甚至更难。

有资料反映，和田玉从汉时起，即是宫中御用物。和田玉产量低，运输难，只有皇家贵族才能享用。那时，以和田白玉制成的饰品可以说相当于瓷器中的"官窑"。唐宋时期，和田玉的使用范围逐渐向民间扩大，然而以和田玉制镯出土于当今者，笔者未得一见。即使清代之"和田白玉镯"传至今日者也属珍稀，况两汉之镯乎！由此可知，不获取相关的知识与信息，不改变思想观念，收藏难有所成。

本书取名《镯之初》，目的是要将镯的"初始阶段之模样"展示给大家，就像一个成人有自己童年的影集一样。中国制镯有七千年的历史，镯的童年实物和影像也记录着镯的成长和变化。此书中有石器时代的高古镯图片 40 余幅，以今日之观念衡量，这些镯的质地都不佳，是由石及各种杂玉、玛瑙以及陶土制成的。这是因为古代交通闭塞，古人只能就地取材制器，然而正是因为这交通闭塞，反而让后人看到了中国玉石文化"取材丰富、多姿多彩"的特色，正是这些外形粗笨、制作欠精、用料不佳、衣衫不洁的出土之镯，向我们展示了几千年前的历史和生活的真实性。

在此要说明的是，本书以"镯子"一词称呼镯子，是依照传统约定俗成而为。镯之称始于明，明以前称为环，明代陆容的《菽园杂记》里有"今人名臂环为镯，音浊，盖方言也"的记述。此外，明代作家吴承恩在小说《西游记》第六回中有描写太上老君"将起衣袖，左臂上取下一个圈子……这兵器一名'金刚琢',又名'金刚套'"的文字,此段文字也证明了"臂上的圈子"被称为琢(镯)的事实。

从镯之圆形体看,用"环"字比用"镯"字更形象、更直观,然方言"镯"字为什么能够替代"环"字流行至今而不变,是一种有待探究的语言现象。

数千年来,镯子在历史上的称谓究竟有多少次变换,已无从知晓。但就当今而言,各地对镯的称呼也是形形色色。比如,重庆人就称镯子为"滕子"或"圈子"、"圈圈"、"玉圈",称臂镯为"膀圈",在当地若用"镯子"一词购物,对方有时反而听不懂。中国很大,各地方言很多,各地各族称呼镯子的用语若汇总起来一定丰富多彩,非常有趣。

看似体小而形简的镯子,其历史不短,内涵不单。它的源头需要追寻,它的经历需要梳理。因为如今,它是那样普及,又是那样知名,它的身影几乎出现在每个家庭。虽然,世界上哪个国家最先养兔子的问题无法回答,但我们用实物可以告诉世人:中国是镯子(一种当今世界最风行的首饰)最早的发源地,这就是收藏古镯的意义和出版此书的目的。

探寻镯之源与圆

The Exploration of the Source and the Circle of Ancient Bangles

　　镯子是当今中国最普及、最常见的手饰品,广受女性青睐,时下也在男性中慢慢流行。但镯子的历史有多远,它最初是什么样子,是哪个民族最先使用的等等,是镯子爱好者们感兴趣的问题,也是本书想通过实物来探究的问题。

　　有关资料记载,镯在中国至少有七千年之久的历史。著名的仰韶文化(中部)、红山文化(北方)、良渚文化(南方)、龙山文化(东方)等各种文化遗存中都有出土实物。总体来说,镯的起源在世界范围内找不到先与后的传承影响关系。此事似乎像"世界上哪个民族最先养兔子"的问题一样,没有准确的源头和答案。然而石制的遗存告诉我们:中国是世界上镯之发源地。镯是中国人最先制作和使用的。

　　镯的起源是出于人类装饰自我的需求,换言之,镯是在爱美观念支配下而生产的装饰品,这是对镯的起源和功能的定论。但对古镯实物的分析表明,镯最初是作为生活实用品而产生的。

　　镯历来分为两类,手腕上的被称为手镯,胳膊上的被称为臂镯。在新石器时代的古镯遗存中,手镯和臂镯都比较粗大,这不是因为古人的身材大于现代人所致,而是另有原因的。实物表明,镯是用来套在手腕和胳膊上固定皮或皮衣的一种生活用品(或服装用品),起着"箍"和"扣"的作用。在北方某些地区,数十年前尚有以镯充当"袖箍"的做法。另外,臂镯套在胳膊上,打猎、射箭或挥动武器时,有箍紧肌肉和"增力"的作用,其效果类似行军走路时打(缠)"绑腿",东北人称臂镯为"挎"。此外,还有一种看法:认为镯在狩猎中可起到减轻被野兽抓伤的防护作用。凡此种种,说明了镯曾有过的实用功能,它是由实用器过渡而成为装饰品的,因而将镯的起源和功能,仅视为装饰品的定论是不全面的,是以现代人的眼光去看待古代器物。回到历史环境中去思考问题,镯的产生和作用可能还有更多的原因。

石头是人类最初使用的工具,以石制器,用于刮、削、割、砸等大大提高了人类捕猎的成功率和自我保护的能力。对石器的制作和使用是人类迈向文明的重要标志,是人类在生存中激发出来的智慧和壮举。

在以石制器的过程中,各种石头的不同质地被逐渐区别和认知,那些色彩艳丽、石纹神秘多变、光亮润泽透明的石头在古人眼里是不可思议的,曾被视为"地之精灵"、"神赐之物"。渐渐地,用美丽神奇的石头制作的用具不被用于生产了,而是被佩挂(戴)在身,达到敬神、通神、保平安的目的。因而镯的出现是古人尊石奉神思想的一种表达。镯是在愿力支配下生产的一种护身产品。在中国,所有的石制装饰品都是在愿力的推动下出现的。那些石制佩件上的纹饰、图案、各种动物怪兽以及石头本身,都被赋予了避邪求安的神奇功能才被人们所喜爱和佩戴。过去如此,现在也是如此,这就叫"文化内涵"。事实上,镯和璜、璧、琮、玦等玉石所制的器物一样,它的诞生寄托了古人的一种愿望和希求,它不是苍白的、无内容的,它是一种礼神、通神的灵物,装饰品只是它们的附加功能。除此之外,镯的出现是否还包括如下一些因素呢?

一说起镯子,人们首先想到的是圆。圆是镯的特征,圆在人类思想里的形成来源于对自然界中物体的观察。比如太阳的圆、月亮的圆、天穹的圆等等。在古人眼里,自然是神秘的,自然的圆形经仿效后制作成为物品,佩戴在身是吉祥的。中国古代有"天圆地方"之说,这一说法来源于生活。站在一望无际的大草原放眼四方,天包围着人,是圆的;地的尽头四条地平线是直的,这种感受在大海上也可获得。古代的玉琮是"天圆地方"学说的实物。古器中璧、瑗和镯等圆形物品的出现,是否与天的存在相关联?

除了有形的圆之外,还有一种无形的圆也存在于自然之中。古人所说"天周"的概念,就是一种无形的圆,所谓"天周"就是自然的周期,也就是周而复始的意思。一个事物经过一个周期(一个圆)的运动后又回到起点。比如日夜的交替是圆形,四季的更迭是圆形,太阳系的构成与运动是圆形,银河系的构成与运动是圆形等等。从宏观世界到微观世界,周而复始,圆的运动存在于宇宙的各个角落,时间与生命也以圆的运动来计算,因而无圆则无序,无圆则无宇宙。圆形手镯的出现,是人类对自然法则的感应,是一种天人合一的结果,它似乎在向人类提示着现存的宇宙法则和自然结局——任何实体都逃不出圆的制约,任何物种都将在圆里生灭,这是否是镯之圆在人类思想中形成并进而生产成器物的奥秘之所在。

几千年在周而复始的圆中转去了,时过境迁,社会大变,昔日里玉石制成的那些高贵礼器琮、圭、璜、璋等不见了踪影,而镯的家族却经久不衰,日益昌盛。如今的镯遍布在国内外的首饰柜台,遍布世界。当人们从研究中知晓了镯的过去、镯的产生背景和原因之后,会对此物的认识加深,佩戴之时会感到充实和自信。戴镯不仅是为了外在之美,更为着它内在的哲理深邃。

附诗一首,与读者共乐:

镯的提示

春在圆中回,阳在圆中升;人在圆上走,物在圆上争;
有圆才有序,圆里玄奥深;戴上一个圆,平安百事顺。

第一部分　高古镯

The First Part　Bangles of Neolithic

高古镯,也就是石器镯。其特点有四:

1．比今日之镯要大一些、厚一些、笨一些,外观给人一种"原始"的感觉。

2．用料广泛无拘无束,石器镯的用料就是各种石头,有美的也有不美的,其中多数被今人视为杂玉或杂石。

3．做工简朴。因受制作工具的限制,高古镯上都有明显的手工痕迹。如镯体不圆不平,有梯棱感和疙瘩感等等。更古老的镯有以石琢器,被石磨成的感觉。

4．时间久远,镯上必然留有各种古痕,如各种沁色,大小不等的蚀斑、蚀点、裂纹等等。

以上四点也是搜寻高古镯时要注意的鉴定要点。

据说在良渚玉器中有一种片状薄体的环,是戴在死者手腕上的。有学者认为,那也是镯之一种(型),由于与今之镯在体态上差异大,又无血脉关系,故本书对此类器物(环、瑗等)不加以收录和细述。

图1　高古手镯,石质,镯体断面呈(横)长方形,(祖形)属新石器时代的制品。此镯镯体宽窄不匀,内外圈不圆,器形不规整,表面粗糙,打磨不充分。虽有多处不足,但在那个时代制成此镯已不易,今日寻得此镯也不易。镯之初始形态见此镯即可得知。

图1　高古石手镯

图2 高古手镯,石质,断面呈(竖)长方形,(祖形)属新石器时代之物。镯体留有技艺稚拙的痕迹。此镯石质不佳。看来镯所在部落的周边地区没有美石存在,此镯让人看到了那时人们物欲简单的心理状态。

图2 高古石手镯

图3 高古手镯,石质,镯体断面呈方形,(祖形)属新石器时代的遗存。镯形规整,制作精细,是一件认真加工过的产品。石质如此低档,制作如此用心,令人思考,有诗为证:

粗石制成镯,制者认真磨。

古镯藏古心,令人细思索。

图3 高古石手镯

镯之初的工

镯诞生的初期,在生产制作上使用的方法简单原始,均用人力旋磨加工而成,其流程大致如下:

1. 先将石块制成圆柱形(类似高笔筒或矮笔筒形)。

2. 在柱的一端进行旋磨开孔扩膛。

3. 当孔深达到 2~3 厘米后用锯类工具和方法切割下来,即成为一个镯的毛坯,之后再进行细加工。如法重复可得到第二个、第三个镯,形成批量生产的能力。用此法制镯,可免开孔时镯体破裂之忧,可省锯割时面积减少之力,表现了中国古人的聪明和才智。

在初期生产中,圆是镯的外形,而镯坯的断面有三种基本形状,称为镯体的祖形。这三种基本形状是(断面的)横长方形、竖长方形和方形。古镯中常见的其他十余种断面的不同形状均由此三种变化而来。

现粗略分述如下:

A. 横长方形 ▬ , 在磨圆四个角后可得到偏圆形 (椭圆形) ⬭ ,磨圆外圈两个角可得到弹头形(即外圆内方) ◗ ,磨圆内圈两个角可得到 D 字形(即内圆外方) ◖ ,将外圈两角磨成 40 度~45 度可得到剑锋形 ◀ 等等不同形状的镯体断面。

B. 竖长方形 ▮ ,磨圆四个角可得到 O 字形 ⬮ ,磨圆外圈两个角可得到（外圆）带状形 ▌，将外圈两角磨成 75 度 ~85 度可得到角带形 ▌。此外有一种断面呈宽带形的镯 ▌，被称为武士镯，类似现今体育运动中的"护腕"也是由竖长方形中产生的。

　　C. 方形 ■，磨圆四个角后可得到圆形 ●，磨圆外圈两个角后可得到半圆形（半圆形也可由竖长方形得出） ◗ ，另有一种圆方形的镯 ◖ 是由方形中产生的。

　　古镯的三种基本形状及其变化，是镯生产和演变历史的重要组成部分。另外，还有镯上的纹饰、图案、刻工等都是古镯重要的断代依据。由于早期的镯是使用简单原始的工具制成的，因此在镯体上便保留了属于那个年代的工艺特征。其中，最重要的一个特点是镯体表面凹凸不平，以手指旋转抚摸便知。无论内圈、外圈及两个侧面都不平，有鼓包和疙瘩，手工制作的感觉明显。时代稍后，工艺好一些的镯子，内圈平，但其余部分均可感到手工打磨后留下的不平不匀感。即便看上去表面平滑的也有如此感觉。抓住这个特征很重要，它是在做工上识别古镯的依据。为方便读者起见，现将前面所述的古代镯坯三种断面基本形状及其变化归纳如下：

　　A. 横长方形 ▬ →偏圆形 ⬭ →弹头形 ⬭ →D 字形 ◖ →剑锋形 ◀ 。

　　B. 竖长方形 ▮ →O 字形 ⬮ →（外圆）带状形 ▌ →角带形 ▌

→宽带形 ▌。

C. 方形 ■ →圆形 ● →半圆形 ◗ →圆方形 ◖。

手镯镯坯(新石器时代良渚文化)。

高古玉镯镯胚

图 4　高古臂镯,青玉,镯体断面呈(横)长方形和方形,从玉质上看,应属齐家文化遗存。此镯直径 10 公分,体形较大,属臂镯。此器工艺简朴,表皮打磨较细,有光泽,但镯体宽窄不匀。由于年代久远,土埋时间长,镯体表面之沁色浓重,呈棉花状(或云雾状),并有灰白、黄、黑等层次和色差,观之耐人寻味。

图 4　高古玉臂镯

图 5　高古手镯,玉质,断面呈半圆形,属新石器时代的产品。半圆形是由方形磨圆外圈两个角而成的。半圆形因而比方形又进了一步。此镯满身土气,表面有一层黄皮(土沁),镯体遍布土锈土蚀之痕,一望便知是一件经历了几千年岁月之物。

图 5　高古玉手镯

　　图6　高古手镯,花玉,做工古朴,由于受沁,镯体出现一层自然厚实的包浆(又称皮壳),包浆色层丰富又具有变化,并有蚀斑,蚀点布于镯之表面,其色、其光、其工等特点集于一体,让人一望即可感知到此镯的古远之气。

图6　高古玉手镯

图7　高古臂镯,白玉质地,镯体断面呈椭圆形,直径约12厘米,体大,属臂镯。断面椭圆形的镯子是由长方形磨去四边而成的,而椭圆形比长方形要多一道工序。此镯手工特征明显,土沁浓重,留下了久经岁月的痕迹,是石器时代遗下的"原始艺术品"。

图7　高古玉臂镯

图8　高古手镯,玉质,镯体断面呈椭圆形。此镯年代古远,沁色美丽自然,是一个不可多得的色沁典型器,识者一望便知其真伪。有诗赞曰:

身披古花衣,

神含高古气。

莫谈石与玉,

市上珍又稀。

图8　高古玉手镯

　　图9　高古手镯,玉质,断面呈"O"形,此形是竖长方形的镯胚磨圆四个角后形成的,因制作方法原始古朴,故镯体不圆,凹凸不平之状肉眼可辨。此镯年代久远,全身已钙化成"鸡骨白",并留有经岁月沧桑后之裂纹数条,蚀斑、蚀点等旧痕也散见于手镯之表面。

图9　高古玉手镯

　　图 10　高古手镯,玉质,形象虽粗简,然器形端正,厚薄比例匀称,可见制器者尽力认真。镯外周上的斜线和边饰以阴线构成,有立体效果,阴线宽浅,底部不平,可以看出线条是磨制而非刀刻成。镯身被黄灰色土沁包裹,偶露土红色。此器给人总体感觉粗简古远,将观者带回到"刀耕火种,结绳记事"的岁月。

图 10　高古玉手镯

图 11　高古手镯,玉质,断面呈弹头形,属新石器时代的实物,从玉质上看,属南方良渚文化之遗存,弹头形是由长方形镯坯磨圆外圈两个角后形成的。此镯表面不平,手工制痕从图上肉眼可见,做工稚拙,面貌古朴。沁色真实自然。虽素身无纹饰,然存世稀少。

图 11　高古玉手镯

图12 高古手镯,断面半圆形,由汉白玉一类的白玉制成,镯体表面的斑点是色沁。此镯手工制作痕迹明显,镯体的内外圈不圆,以手抚之疙瘩感布满镯身,观之似乎技艺不佳,但在当时却是一件做工精细的产品。

图12 高古玉手镯

图 13　高古手镯,玉质,镯体断面呈圆形——将方形磨圆内外圈的四个角而成,其手工制痕在图片上即可观察到。此镯部分受沁浓重,沁色自然有层次,加之器形规整,做工较细,实为高古手镯中之上品。

图 13　高古玉手镯

图 14 高古手镯,玉质,镯体断面呈圆形,从石质上论,此镯应属北方或东北方之远古文化遗存。虽然镯体受沁深重,质地疏松多裂纹,但是其光亮润泽如新,而且色彩丰富。此镯集褐、黄、淡黄、灰、白、青白、浅黑等多种色于一体,是一个很好的沁色学习参照物。

图 14 高古玉手镯

　　图 15　高古手镯,玉质,断面椭圆形,白色是石之本色,其上的斑点与斑块是受沁之色。此镯镯形规整,做工细致,但以手抚之,镯体不圆,有梯棱感和凹凸感,此乃受原始生产条件和生产工具之限而留下的"时代工艺特征"。

图 15　高古玉手镯

图 16　高古手镯，玉质，镯体饰有绳纹，其工艺流程大致如下:1.先做成断面方形的镯坯;2.磨去方形的四个角后形成断面圆形的镯坯;3.最后在圆体上磨出条条绳纹，因之，"绳纹镯"的制作难度较大，工艺上多一道程序。

　　此镯手工磨制痕迹明显，包浆厚重自然，镯面上那种油亮而兼有黑褐色的包浆(实则也是一种沁)被人形象地称为"茄皮色"或"茄皮紫"，传说只有入土几千年以上的古玉才能形成此种包浆和色泽。

图 16　高古玉手镯

镯之初的料及价值评判

　　石器时代的镯是就地取材制成的,因而镯的材质五花八门、多种多样,其中大部分被今人视为石和杂玉。岫玉、汉白玉、玛瑙、独山玉在高古镯中较常见,但最多的还是一些不知名的石纹美丽的石类。

　　在中国,玉文化是由石文化发展而来的。玉是人们"以石制器",将器用于生产、生活过程中发现的。"石之美者"为玉,是古人对玉的定义和概念。正是这种宽泛的对"玉"的认知标准,使中国的玉文化得以发展,并且呈现出百花齐放、多姿多彩的局面。世界著名的红山文化、良渚文化是中国古代玉文化的巅峰和骄傲,它们不正是在这种宽泛的识玉标准下产生的吗?事实上,地质学和化学在中国未成为学科以前,"石之美者"为玉,一直是中国人对玉的认知概念。因而,上至石器时代下至清末民国,以"石之美者"制镯(手镯、臂镯)的情况在民间作坊很普遍,存世数量呈金字塔形,越古的存世越少。在此情况下,收藏者若不以古人的"玉石观",而以今人的"玉石观"去寻古镯,其结果必然无所获。

　　由于做工不精,光素而无纹饰,材质又多非今日之玉,加之真伪难辨等多种原因,古镯不为世人所认识、所重视。一只石器时代的玉镯在店里,懂之者索价数万元,在摊上轻之者开价仅一二千元。然而,在某些著录中,身价却达到数十万元之高。此种情况,在古玩行中不足为奇。古物的价值原本也是因人而异的,被人认识之前是一个价,被人认识后又是一个价,这是常有之事。而收藏者之责任,就是要从文化和历史入手,发掘古物的内涵,进而使之在经济价值上得以提升,并由此唤起社会的重视,达到保护的目的。

　　做古物生意的商人有句口头语,"过去值钱的现在值钱, 过去不值钱的现在也不值钱",此话虽有点绝对,但从中反映出了古玩行里的一般价值规律。将古物放在其所处的历史环境中去衡量,它的价值得以还原。此种判断古物价值的方法,不妨在此暂称为"价值还原法"。

石器时代的高古镯制作不易,费时费力,且历史久远存世稀罕,以"价值还原法"衡量是很珍贵的。一只石纹美丽、制作较精的镯子,还原到所处的历史环境中看,在那时应属于高档品,只有部落的头人或骨干人物才配使用。某些著录里标出的高价,正是因为此镯的身份和档次被充分认识到,而不是材质。据说,西方人对古物看重年代和工艺,历史越久的越喜欢。某收藏杂志上说,美国人喜欢中国古玉,不重材质只重神秘的龙兽图案,有一个春秋时代的残玉器竟拍出了很高的价格,因为被看重的是玉器的文化价值,这种情况在中国是不会出现的。

现今,中国人玩玉的观念是,质不佳不取、器不全不取,于是一些"不达标"的古物被排斥在外。此种"求全"的做法,多少含有一些"求财"的因素,追求经济价值的因素。在这方面,仍然有待改变观念,应向西方人学习。

镯之初的材质就是今日杂玉或石,这是历史的事实。收藏者们应当认识到,正是这些不知名的"杂玉"开创了镯的历史,成就了古代玉文化的辉煌。正是这些"杂玉"上所表现出的高度文明,使中国成为那个时期世界上的佼佼者,并为后人提供了有力的物证,证明中国"上下五千年,纵横十万里"的历史不是空谈,是真实而丰满的存在。俗话说,"儿不嫌母丑"、"孝不计家贫"。对于祖先的遗存,后人要忠实地守护,尊重历史,不挑剔。

随笔写打油诗一首,以助读兴。

就地取石磨成器,前人制镯实不易。
高古玉镯少人问,只因不是和田玉。

图 17　高古手镯,玛瑙质地(黑玛瑙),断面呈圆形。因做工原始,镯体不圆致使内外圈也明显不圆。高古镯中的圆形出自方形,将方形四个角磨圆即可得出圆形。石器时代的制作手法在镯体上留下了属于那个时代的特征,在此镯上清晰可见。

玛瑙硬度高,易碎,制器费工费时,因而高古镯中玛瑙质地不多见。此镯制成不易,在石器时代属于由"美石"制成的上品镯。

图 17　高古玛瑙手镯

图18　高古手镯,玛瑙质地(花玛瑙),因做工古朴导致镯体不圆,赏此镯忽有所悟,得诗一首,笔录如下。

悟　圆

圆中有不圆,

不圆也是圆。

美在不圆中,

圆里不求圆。

图18　高古玛瑙手镯

图 19　高古手镯,玉质(黑玉),断面呈剑锋形,属新石器时代之产品。从石质看,属我国东中部的文化遗存。剑锋形是由横长方形镯坯将外圈两个角磨成斜面后构成的,此种镯存世不多,且特色鲜明,有阳刚之气,可令人见后不忘。

图 19　高古玉手镯

图 20 高古手镯,玉质,断面呈剑锋形,因年代远古,而土沁深入镯体,其表皮被侵蚀成斑斑驳驳之状,放大镜下可见沙蚀点点布满全身,有诗叹曰:

> 蚀点斑斑脏衣衫,
> 酣卧沙中无人见。
> 一梦醒来向天叹,
> 世上已过五千年。

图 20 高古玉手镯

图21　高古手镯,玉质(花玉),断面呈圆方形,即一种外圈圆形,而内圈的边沿有方形感觉的综合形断面,此种断面的镯,属我国北方和东北方的文化遗存,具有地域特色。

此镯生产年代久远,因土沁与自然石纹相混而不易觉察,只有在放大镜下,才能见到种种古旧痕迹。

图21　高古玉手镯

图22　高古手镯,玉质(花玉),断面呈圆方形。从石质来看,属我国东北部文化遗存。此镯经数千年而品相完好,且做工精细石纹美丽,属石器时代镯之精品。关于此器,有诗一首:

身着古异花衣裳,

隐世修炼寿岁长。

一朝入尘众人惊,

老妇面容胜姑娘。

图22　高古玉手镯

图 23 高古手镯,玉质,断面椭圆形,全身的朱红色属沁色,此器玉之本色是灰白色,镯体蚀孔明显,分布自然,衬以朱红色之底子,古风古味十分悦目。

此镯外圈饰有竹节纹,刻工简而意味浓,比无纹饰的"素镯"更具美感和观赏性。

图 23 高古玉手镯

　　图 24　高古手镯,玉质,断面半圆形。此镯形体美观,大方,最惹眼的是它的红色,此种红色润泽亮丽,是一种沁色,民间俗称"土大红"或"老土大红"。此种"土大红"是在几千年的特殊环境中形成的珍贵之色,好古玉者人人重之宝之。此镯全身皆红,犹如一位身披红衣的部落头人或巫师,气质神异而华贵。镯外周有两条鱼之图形,以阴线构成浅浮雕效果。阴线浅而宽,明显以石磨成而非刀刻成,工艺古朴,古意悠悠。

图 24　高古玉手镯

图 25　高古手镯，玉质，断面半圆形，镯体厚实匀称，包浆厚润亮泽，土沁明显，部分表皮被灰白色土锈遮盖，镯外周以阳线构成两条鱼的浮雕效果，二鱼头对头尾连尾，线条明显，装饰性强，富有特色。

鱼之形在新石器时代的器物中常有出现，其中以彩陶为最，从风格上判断，此镯应属山东或辽宁沿海一带以渔猎为生的先民所用。

图 25　高古玉手镯

图26 高古手镯,石质,断面(竖)长方形,镯体外周以浅浮雕手法刻有四个形象模糊的兽头,线条简洁,有大写意的韵味。镯从初始起,由素身线刻装饰到浮雕装饰,逐步向前发展,从石玉制镯的历史看,古人取形多样,用材广泛,远胜于今人,而今之玉镯,只注重材料质地,不重纹饰式样,致使各地之柜台内千镯一款,万镯一式,失去了个性和特色,因此,观赏古镯,体味古意,可回归自然朴素之心理。

图26 高古石手镯

图 27 高古手镯,玉质(已成鸡骨白)。此镯镯形规整,做工精细,属上古之佳品,然而,此镯受腐蚀严重给人以沧桑之感,并令人联想不断,有诗曰:

> 腐蚀斑斑少人爱,
>
> 不知当年何人戴。
>
> 如今镯存人不存,
>
> 多少往事任人猜。

图 27 高古玉手镯

图28　高古手镯,玉质,断面圆形。此镯之圆形,规整端庄,做工精良,素淡沁色如白衣裹体,给人以娴静之美;受沁浓重部分,沁色分为淡黑、黄、浅黄、灰白等色层,肉眼均可辨。有此种沁状之镯,不多见。

图28　高古玉手镯

　　图29—图31，三张图片上的镯是由陶土烧制而成的，故名"陶镯"。以陶制镯在新石器时代的遗存中并不多见，陶镯因外表粗陋而不被世人所重，但对于系列收藏者而言却是不可遗漏之物。

　　此组陶镯属马家窑文化遗存，每一只镯都有区别，以陶制镯，比以石制镯要容易许多，为什么此组镯反而如此粗糙而远逊于同时期的其他彩陶制品呢？据推测，陶镯不是用于佩戴的实用品，是用于丧葬的冥器，因殡葬需求临时匆匆烧制而成，故而如此粗糙。尽管陶镯不美，但它是镯家族历史的一部分，仍有收集保存之意义。

　　　　　　土里土气，不是东西。
　　　　　　重之者觅，轻之者弃。

图29　高古陶手镯

图 30　高古陶臂镯

图 31　高古陶手镯

　　图32—图34是一组高古玛瑙镯,有手镯也有臂镯。此组镯是随石之形制成的,镯形因石而呈不规则椭圆形,非常别致,罕见。玛瑙色彩和纹路多变化,几乎不重样,因此,玛瑙镯大多以石纹本色装饰自身,少有纹饰雕刻。此组镯上雕刻有蚕虫纹,也有人称之为"龙虫纹",在玛瑙镯中罕见,是镯类之珍品。

图32　高古玛瑙手镯

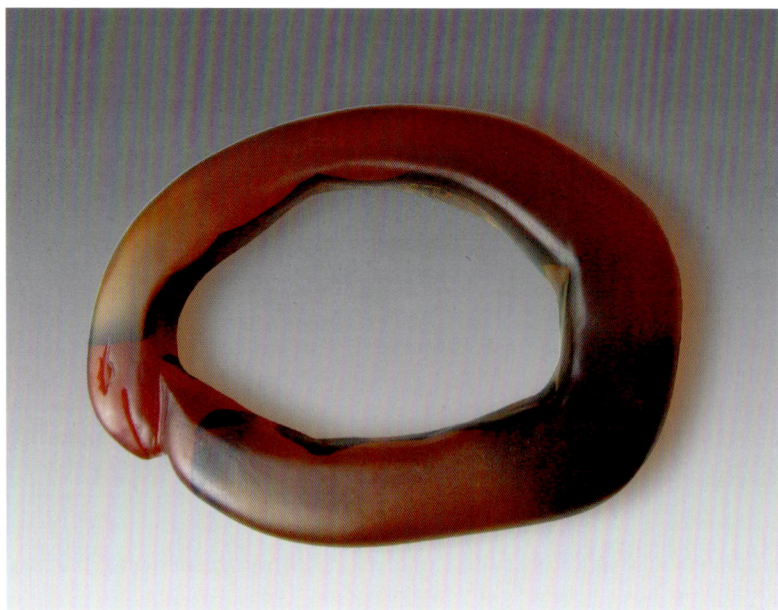

图 33　高古玛瑙手镯

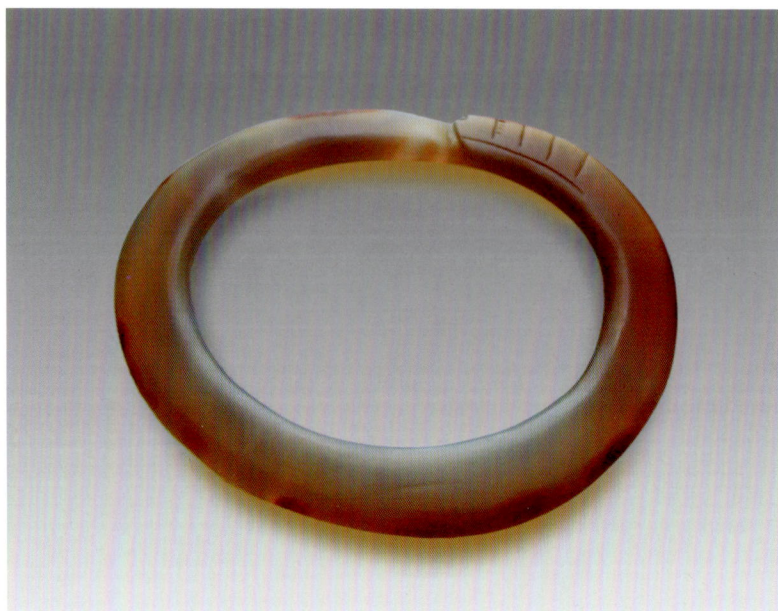

图 34　高古玛瑙臂镯

古镯的沁与蚀

　　玉文化是中国特色的文化,而沁色又是玉文化中的一大特色。沁又称"浸",是指玉石制作之器久埋地下与土中各种矿物长期接触,被浸(沁)、被染后形成的各种色彩(实则是一种混合物)。沁色是古玉(古镯)中的一种美,沁的颜色与泥土、坟墓、冥器和岁月联系在一起,给人以神秘、诡异、变化莫测之感。好古玉者,必好沁色。识沁色、谈沁色是古玉爱好者们的共同语言与交流的重要内容。对收藏古玉器(古手镯)的人而言,沁色是鉴别古玉的重要依据,因而对沁色的真伪需要有所了解。

　　据资料反映,从宋代开始,中国好古玉者就十分推崇沁色,后经历代发扬光大,内容也不断充实,讲究也越来越多。如今一个沁字,就有沁色、沁状、沁纹、沁斑、沁片、沁点、沁块、沁团、沁璞、沁迹等等名词和说法。还有什么黑漆古、孩儿面、鸡骨白、枣皮红、土大红、铜绿、茄皮紫、牛毛纹等多达二三十种对不同的沁状和沁色的称呼,所有这些,都是历来的古玉爱好者根据自己的感受而加上的形容和描述,有些相沿成俗,有些还在发展。这是一种乐趣,就如同给观赏石取名一样。

　　由于沁色是古玉的一种标志,旧时又流行"玉得五色沁,胜过十万金"之说。所以制作假沁色冒充古玉的牟利之风从宋代(徽宗)肇始,其方法五花八门,史书上均有记载。其中,最残忍的是将猫、狗等动物杀死,将玉器烧热后置其腹中,再埋入地下,数年后取出,以伪造红色血沁欺世。

　　再有,将铁屑(锯末)拌上胶水裹在玉器上,埋入土中,数月后取出以造土斑,此法出自清乾隆时期,至今尚在使用。另外,还有油炸、水煮、烟熏、火烧等等之法,以造沁色充旧玉牟利而无所不用其极,且古来有之。据资料估计，单是清代的玉器作旧赝品，存于今者，不下百万件。

在长达30年的收藏之风中，现代科技也被用于制造古玉作旧，制造假沁色，几可乱真，这就为古玉收藏增加了困难。好在镯子历来不是什么名器、重器和热门的古代器型，所以过去仿品少（现在很多），尤其是高古镯在收藏中是一个冷门，尚有可作可为之空间。

镯之初始存于今之镯，已有四五千年之久，土沁是必不可少的，并伴有土蚀、土锈等种种旧迹。辨别旧迹之真伪是寻得真品的重要技术，也是一门知识和学问，有人将之称为"痕迹学"。出土古镯有沁色、有包浆，沁色和包浆都是土中之沁，传世玉器的包浆是手汗和空气氧化形成的；土中玉石的包浆则是土中物质浸入玉体形成的，因之包浆是一种"受浸"的表现，与"沁"是一体的、等同的、不可分的，包浆就是沁。

识别古镯上的沁（包浆）的真伪要看其上的沁是否自然。自然形成的沁"灵"、"活"、不呆板、有层次和色差，并伴以蚀孔、蚀斑等旧痕，镯体表面稍加摩擦便会显出一层润泽凝重的活光，即包浆也。这旧痕老斑与光泽结合于一体，给观者一种仙风道骨、返老还童的感受。有的镯体沁色丰富，十分诱人，不难判断真伪；有的只有一色沁，通体黄色或红色，但在放大镜下，看似单一的自然沁色，其实并不"单"，有深浅之色差，其色厚重深入玉体，精光内蕴，镯面也无干涩枯僵之感。总体说来，寻找自然之色、灵活之光是寻找真品的重要依据（当然出土古玉因环境不同也有表面干涩的真品）。

出土古镯除沁色（包浆）外，还有土斑、土咬、土锈等旧痕，总体称之为土蚀。从古玉痕迹学的角度去识别，最重要的是判断这些旧痕是伪造的还是自然形成的，这里不但需要经验，还需要对作伪手段有一些了解，对作伪的最新动态和信息有一些了解。尽管如此，有些旧痕是无法复制的。比如，在沙土中形成的自然蚀坑、蚀点、蚀斑，其底部与表皮一样光滑亮泽，任何化学腐蚀与人工敲击都无法达到此种效果。又如，天然的蚀孔一般较深,分布自然,有的蚀孔、蚀洞,其口小于其内,此种腐蚀状态也是无法复制的。因为一些不可复制的天然特征存在,所以,在判断真伪时,一定要找到一两点"真"的证据,使自己的藏品经得起"论证"。这里要补充说明的是玉石的蚀孔(洞)有三种:一种是天然形成的,一些杂玉因质地欠佳本身带有蚀孔(洞);一种是人为的,是化学腐蚀的结果;另一种是后天形成的,玉器埋入地下经自然腐蚀出现的。三种蚀孔是不同的,在本书图录中可以见到区别(请参阅图22和图121)。至于"古玉痕迹学"上的其他方面,例如制造工艺不同留下的痕迹不同,又如电动工具与人力工具留下的不同特征,不同时期的刀工和纹饰等,也是需要了解的。

　　镯是古玉石制品中的一种器物,其鉴别真伪的方法,与鉴别玉器相同。迄今为止,对古玉的鉴定仍是一个全国性的难题。据说现今有一种仪器,从古玉受沁处取下一点物质,放在仪器上检验,属化学合成的则伪,属自然形成的则真,此种办法较科学较先进,然而并不方便,它不能解决实战现场的问题。大家都知道缉毒犬的作用,是仪器不能替代的。同理,人脑和人的感知也是无与伦比的,因为人有灵性,真正的高手对古玉真伪的判断准确率是很高的。借助仪器评判真伪,是因为仪器没有自我和杂念,可以得出公正与统一的结论,然而受"人为因素"的影响,古玩(古玉)鉴定的结论远不如数学题 $3×3=9$ 那样肯定、绝对和不可动摇。古玩的鉴定结论常常是因人而异的,是飘浮不定的,需知现在通行的古玩"眼学鉴定法"并不是一门科学,只是基于知识与经验所得出的一种推测或判断。"眼学鉴定法"是人为的,各种因素均可以干扰鉴定结果。对于一件古物,各执一词没有统一定论的情况很普遍,因而对于一件藏品,自己要有主见,不可盲目听信他人,也不可固执己见。

　　一切真知都来源于实践。只要勇于实践,并多看(实物和图录)、多问、多对比思考,古玉(镯)上的那些种种古旧沁痕是可以分出真伪的。

图35　高古手镯，墨玉，镯体断面椭圆形，依玉质推测，此镯应属龙山文化遗存，是一件珍稀之物。此镯器形规整，制作精细。然旋转抚摸后可知其表面凹凸不平，放大镜下也无一丝机器旋纹，时代特征明显。由此而知，古人制器大多尽心尽力，工具虽简陋，但态度更认真，那些今天看来的"不足之处"正是可爱可赏之处，并为我们提供了识别真伪的依据。

图35　高古玉手镯

图36　高古手镯,玉质,断面呈半圆形。半圆形是由断面方形的镯坯磨圆外圈两个角后形成的,此镯较宽,内圈圈壁中间凸起,磨制不平,体表的沁以灰白色为主调,兼有黑色和黄色并有蚀斑,从石质判断,此镯属南方新石器时代的文化遗存。

图36　高古玉手镯

图37—图38均属高古手镯,宽带形。此种镯类似于现代体育运动中的"护腕"之形,也有人称其为武士镯。宽带形手镯在古镯中不多见,制作时因镯体宽薄,易破裂。此类镯在开孔扩膛时都是采用对穿的方法,内壁有此种工艺留下的特点——不平不圆。此外,宽带形手镯易与古代发箍相混,其区别是发箍直径小,手镯直径大;发箍箍身有对称孔洞,镯则无孔洞。

图37 高古玉手镯

图38 高古玉手镯

图39　高古手镯,玉质,断面呈半圆形。此镯形体匀称,规整大方,细看手工痕迹明显,做工古朴,包浆厚重,光泽自然,呈栗子色(俗称栗子黄),镯面满布大小不同、深浅不一的蚀坑蚀块,古气十足,一望便知是一只够年份的器物。

图39　高古玉手镯

图40 高古手镯,玉质,断面(外圆)带状形。此镯素身无纹饰,其珍贵之处是包浆漂亮。此镯之包浆厚重真实,精光润亮,给人以古旧神秘之感。嗜旧玉者必喜包浆,此种包浆被称为"茄皮紫",其光被称为"玻璃光""宝光",据说此种包浆是玉与地下某种物质在地气、地热的长期作用下融合后形成的一种混合物,坚硬而有光泽,水泡洗不掉,把玩后光泽会更加艳丽诱人。

图40 高古玉手镯

图 41　高古臂镯,石质,断面呈(外圆)带状形(见前文"镯之初的工"),属新石器时代的遗存。带状形是由竖长方形的镯坯将外圈两个角磨成圆面后得出的。臂镯又被称为"挎"、"臂挎",是一种实用器,古时流行于北方游牧民族中。

图 41　高古石臂镯

图42　高古手镯,玉质,器形端庄,沁色美丽神秘,包浆亮泽,给人一种幽深的感觉。有诗叹曰:

黄白黑相杂,

幽光镯面发。

黑中日月深,

圆里乾坤大。

图42　高古玉手镯

图43 高古手镯,玉质,断面圆形。此镯用汉白玉一类之石制成,汉白玉在我国使用的历史很早,因其色白被古人视为玉而广泛使用。古旧手镯中汉白玉制品较常见。红楼梦里有"贾不假,白玉为堂金作马"、"东海缺少白玉床,龙王来请金陵王"等句子,其中所提及的白玉堂,白玉床即指汉白玉一类之石,可见古人之玉石观与今之盛行的"玉石观"不同。汉白玉因质粗、沙性强等缺点已不被现代人用于饰品中。

图43 高古玉手镯

图44 高古手镯,玉质,断面呈弹头形,出土之物,属新石器时代的制品。弹头形是由横长方形的镯坯磨圆外圈两个角后得出的,是古镯(断面)的常见之形。此镯工艺具有石器时代的特点,镯体表面土蚀、土咬等斑痕自然,包浆色沁明显,是一件可供学习参考的古镯典型器。

图44 高古玉手镯

图45 突唇环,黑玉质地,新石器时代至殷商之物。此环手工制作,形状奇特,十分罕见,但用途不详。有人认为这是一种琮,多数人认为这是一种臂饰(臂镯),有的出版图录直接称之为镯,本书也将其归入镯类,并采用"突唇环"的名称,因明代以前民间有称镯为环的历史。

图45 高古玉臂镯

图46 高古手镯,玉质,镯型独特,圆上有缺口(可能有玦的含义),整器呈一只圈曲的怪兽之形,缺口是首尾相对处。怪兽鸭嘴,水滴眼,双翼双角,背部、尾部浮皮上有类似蚕体上的横皱,模样非龙非虫,古异神秘,折射出古人丰富的想象力,兽体阴线用"以石攻石"的手段磨制而成,表面粗糙,手工痕迹明显。

图46 高古玉手镯

第二部分　古　镯

The Second Part　Ancient Bangles

　　新石器时代之后的商周战国至宋元时期的镯产品，均可被列入古镯的范围，以区别于石器时代的高古镯(石器镯)。

　　镯的历史久远约有四五千年。商周战国时代的玉石器物已明显具备了不同于石器时代的工艺特点和纹饰，这些特征在同时代的镯上也存在，因易于与石器镯相区别，故以此划界。

　　目前，可以见到的战国镯子图录较多，镯体宽大、刻工精美、特点鲜明，富有男性的阳刚之气。两汉时期的镯子，其镯体窄而小，纹饰也不同于战国。由于可参阅的图录和实物资料较少，数量不多的两汉之镯没有形成"体系"而留下引人注目的亮点。

　　两晋和南北朝时期的镯子，因缺乏相关实物资料而不知有什么纹饰特征与变化。这一时期的镯在收藏中是空白的，在学术上也是个谜题，镯之收藏者也希望得到答案。

　　同玉石器物一样，镯也存在断代难的问题。有的器型具有民族特征，如马蹄形镯、马镫形镯等可以推测出大致的年代，而无纹饰、器型又普通的镯断代就困难了，只能从做工、受沁状态等给出一个大致的年代，如断面圆柱形的手镯就是如此。圆柱形的镯从新石器时代晚期一直到现在都有生产，式样没有变化。不同的是，年代的差别会使受沁程度不一样，做工的差别会使柱体圆度不一样、抛光度不一样等等。这些也可成为断代和识别新旧真伪的依据。

　　在搜寻古镯实物时，眼光不能只停留在和田玉上，那是一个误区。以各种美石制器是中国自古以来的传统。手镯历来被民间普遍使用，又不是什么高档的神器或礼器，因而用料广泛不受限制。辽宁的玛瑙、岫玉，河南的独山玉，山东的黑玉，以及各地类似大理石的白玉与各种花玉等都是古代工匠就地取材制镯的用料。

　　这里有一条经验，或许可以使藏友受益——只要不以寻找"宝石"的眼光去苛求古代用于制镯的材质，就可以发现真正的古镯。

图 47　古手镯,玉质,战国之物,以汉白玉一类石制成,石之本色是白色,体表灰白是沁色。此镯形体规整、美观,周围布满回纹(也有人称之为"云纹"),回纹分五行,排列整齐。细致流畅的刻工,使此镯成了一件可贵的古代首饰艺术品。

图 47　古玉手镯

　　图 48　古臂镯,青白玉,镯外周饰有蟠虺纹,现代年轻游商用自己的语言称之为"话筒纹"、"电话纹"(与电话座机话筒相似)。此臂镯历经沧桑,遍体是伤,断散为数段,经黏结后复原成现状,虽面貌破旧,然透过外观,可以见到此镯工艺精美,刀功流畅有力,纹饰清晰华丽,有立体感,具有战国玉器的时代特征。有诗曰:

> 灰头土面一儿郎,
> 富人穿上乞丐装。
> 不被世人正眼看,
> 只因衣衫太旧脏。

图 48　古玉臂镯

　　图 49　古手镯,玉质,此镯特点有三:1.器形规整,镯体厚实,有庄重沉稳之感;2.镯上的兽面纹和回纹刻工细致精美,且刀味足,见功夫;3.通体包浆呈黄色(俗称香黄沁),真实自然,光润亮泽且显古旧之气。

　　以上述特点而论,此镯应属战国之物,并由武士一类人物使用。

图 49　古玉手镯

图50 古手镯,玉质,镯体厚实,制作规整,外周满饰谷纹,粒粒清晰可见,刻工精细,表现了制作者的耐性和技艺。镯身包浆厚重自然,并伴有"玻璃光",放在放大镜下则可见到大小不等的灰白色浸斑和蚀点。此镯外观亮丽如新,实则出土之古物,是难得一见的汉代的镯之上品。

图50 古玉手镯

图51 古手镯,玉质,汉代之物。与战国手镯相比,汉代镯体态要稍小、稍窄一些,纹饰也有变化。此镯纹饰是四条龙,分为两对,头对头,尾连尾,刻工明显,刀味足,受沁深重,体有裂痕,是难得一见的汉代手镯实物遗存。

图51 古玉手镯

图 52　古手镯,玉质,汉代之物。以汉白玉一类之石制成,石之本色是白色,体表黄色是沁色。此镯形体规整、美观,外周布满回纹(也有人称之为"云纹"),回纹分六行,排列整齐。细致流畅的刻工,使此镯成了一件可贵的古代手饰艺术品。

图 52　古玉手镯

图53 古手镯,青铜质地,断面呈带状,无纹饰。直径6.5厘米,小巧,属女性使用的手镯。与石镯相比,青铜质地的手镯出现晚,青铜在古时较贵重,所制之器多供富家所用。图上青铜小镯,属汉代之物,其上绿锈斑斑、真实自然,虽无纹饰,也因存世稀少,而显珍贵。

图53 古铜手镯

图54 古手镯,玻璃质地,镯体刻有绳纹。玻璃古称琉璃,始于战国,近代则称为料器,使用广泛。以玻璃制镯早已有之,但因不宜保存,故年代越早遗存越少,今以玻璃(料器)加色仿玉、仿水晶、仿玛瑙等所制镯子则比比皆是。绳纹始见于新石器时代,图上手镯属两汉之遗物,小巧轻便,供女士或孩童使用。

图54 古玻璃手镯

图 55　古手镯,松石,镯体饰绞丝纹。制作精细是一件少见的古代手镯艺术品。

松石的使用在我国新石器时代就已出现,远古的松石制品以饰珠、串珠为多,分为无孔与有孔两种。

此松石古镯表面有深浅不一的白色钙化层,有大小不等的蚀斑蚀孔,以手抚镯有明显的"扎手"感,综合判断此镯应是战国之遗存。

图 55　古松石手镯

图56 古手镯,玛瑙,此镯全身呈枣皮红色,白色呈水晶状,俗称"冰雪玛瑙"。其红白相映之状有富贵之气,应属富人用品。

此镯做工精细,受沁明显,包浆自然,同时与之一起出土的还有一块(见下图)。块上图案为龙,细看有头尾之分,据相关资料载:块始于新石器时代,盛于春秋战国,两汉之后不再流行。依据上述情况推断,此镯应属汉代之物。

图56 古玛瑙手镯

图57 马蹄形镯,玉质(青玉),此镯断面长方形,镯体椭圆形、镯之内外壁呈斜角如马蹄踏地之状故名"马蹄镯"。据传马蹄镯是突厥人的用镯,从形制上看,马蹄镯应是汉唐时期北方或西北方游牧民族的用品,很有特色,而且男女均可使用。图上马蹄镯是出土之物,妇女所用,制作较细,玉质好,受沁不重。马蹄镯制作难度大,手工性强,实属罕见。

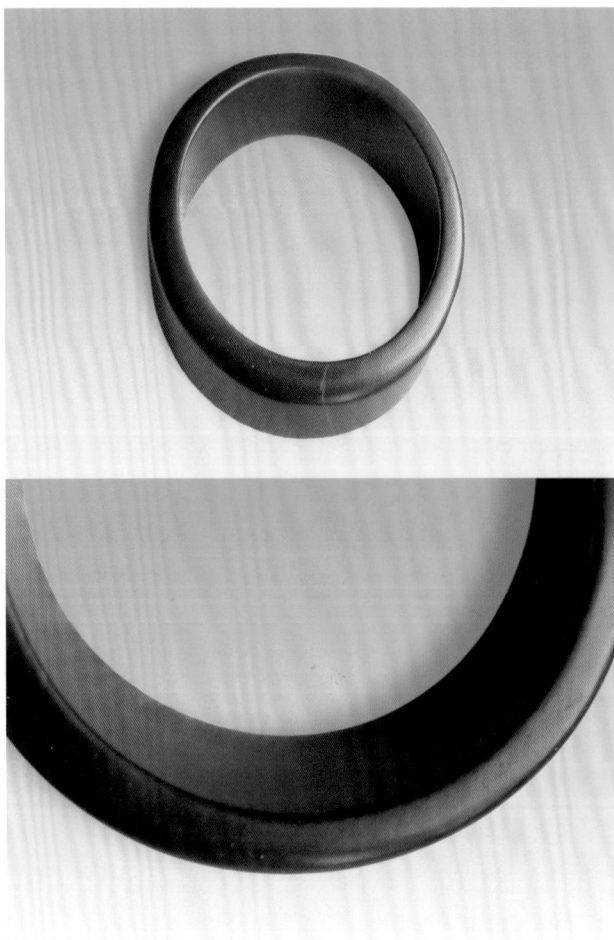

图57 古玉手镯

图 58 古手镯,玉质(白玉),此镯器型端庄大方,纹饰美观,镯面上的两只凤凰构图别致、华丽,刻工简洁流畅,所用白玉玉质较好。综合看来,此镯是一只有较高档次的古镯艺术品。

图 58 古玉手镯

图 59　古手镯,玉质(墨玉),此镯断面弹头形,但工艺明显高于石器时代之同形制品。此镯做工细致,表皮打磨平润,外周刻有 8 个圆形图饰,镯体圆形规整,总体给人以简洁大方之感,观赏此镯有小诗一首:

小小手镯,

无棱无角。

曲中求进,

圆中求和。

图 59　古玉手镯

图 60　古手镯,玛瑙,断面弹头形,此种断面的手镯出现较早,在历史上延续了一段时间。判断它们的年代先后,一般以做工的粗与细,沁色的深与浅,以及工艺不同留下的不同特征等情况综合分析后加以区别。从收藏实践中所收集的信息看,此类手镯出自北方,估计属辽金时期北方某游牧民族所用,是一种有特色的手镯,明清时不见此种类型的制品。图 60 与图 61 中的手镯属同一类型,用料也相同,一个是黄色,一个是红色,玛瑙选料精,手镯做工好,属于同一时期的高档品。

图 60　古玛瑙手镯

图61　千年古镯,似一圈燃烧的火。赏镯思人,禁不住去猜想一段已经淹没了的往事······

穿红衣,戴红镯,他生在北方部落。

白云低,草原阔,他骑马牧羊高歌。

硝烟起,勇士聚,他拿起铁弓金戈。

星斗移,千年过,只留下红镯似火。

图61　古玛瑙手镯

　图62　古手镯,玛瑙,镯形奇异,外周有一个浮雕龙头,占镯体四分之一,与龙头对应处有粗纹数条,使此镯看上去匀称、美观。另外,镯体包浆自然,光泽灵活并有土沁斑块存在,某些部位留有人工机制之痕,从风格上判断,此镯应属辽金时期,北方某游牧民族之遗存。

图62　古玛瑙手镯

图63　古手镯,玉质,镯体由一曲身怪兽构成。怪兽大耳高竖,大眼圆睁,长嘴微尖,呈鼠头蛇身之状,其形怪异,让人感受到古人丰富的想象力。兽背上留有一洞,说明此镯不独手戴,亦可穿绳系挂于身。推测此镯属辽金时期北方游牧民族之遗物,怪异之兽与当时的信奉有关。

图63　古玉手镯

图64 古马蹬镯,玉质,其形似骑马时使用的脚蹬故称之为"马蹬镯"。此镯虽无纹饰,然制作难度较大,费工费时。

"马蹬镯"起始于北方游牧民族,是一种有特色的手镯,图上的"马蹬镯"是辽金时期的产品,出土之物,存世珍稀。

图64 古玉手镯

　　玛瑙在我国产地很多,几乎各省都有。因而,玛瑙在我国远古时期就被人们所认识和利用,以玛瑙制作的饰品早已出现。玛瑙丰富的天然石纹和美丽的色彩受到先人们的喜爱,并被视为神奇。古人对玛瑙的形成有多种想象和猜测,有人说,玛瑙是由马口中吐出而成的;又有人说,玛瑙是恶鬼之血凝成的……并认为由玛瑙制作的佩饰有镇邪避凶的作用。

　　以玛瑙制镯,难于以玉石制镯。玛瑙硬度高,易碎,因而古件中玛瑙较少,古时将"珍珠玛瑙"合为一词视为财富,足见当时玛瑙为世人所重。

　　图65—图68中的四只玛瑙镯,器形类同,无纹饰,以用料、做工、包浆、土蚀等各种因素推测,应属我国北方游牧民族,金元时期的遗存。

图65　古玛瑙手镯

图 66 古玛瑙手镯

图 67 古玛瑙臂镯

图 68　古玛瑙手镯

图 69　古玉手镯

《镯之初》藏品选◎古　镯

图 69　古玉手镯,青玉。镯体有自然沁斑和裂纹,年代较古,属金元时期的产品。

图 70—图 72 的三只镯属同一种形制(外圆),即"带状形"。此种形制的镯,新石器时代就已出现。它是由竖长方形的镯坯磨圆外壁两个角后形成的"带状形"镯。臂镯出现较多,东北人称之为"挎",是一种具有"箍"、"扣"功能的实用器。从收藏中获得的信息推断,"挎"起始于北方游牧地区,在我国东北、西北、内蒙古和山西、陕西北部遗存最多。"挎"的器形就像圆体手镯一样,千百年间少变化,要断代只能从材质、做工、沁色上大致推测(一般而言,"挎"是实用品,大多无纹饰,早期的"挎"较窄)。图中的三只"带状形"镯,就是臂镯"挎",材质有玛瑙、岫玉和地方玉石,推测是金元明时期的遗存。

图 70　古玛瑙臂镯

图71 古玉臂镯

图72 古玉臂镯

《镯之初》藏品选◎古 镯

图73　古手镯,玉质,镯体呈椭圆形。此镯做工细致,受沁明显,虽无纹饰,但不失为一件有特色的镯之藏品。

图74　古手镯,琉璃(玻璃),断面呈(外圆)带状形,无纹饰,镯面受沁、受蚀痕迹自然,琉璃质地较粗糙、原始,给人以古旧之感。

图73　古玉手镯

图74　古玻璃手镯

　　图 75　古手镯,玉质(青玉),此镯体形端正大方,比例协调,因工艺较精,以手指旋转抚摸可感到镯体平滑匀称,无凹凸之感,已脱离石器时代镯之初始阶段落后的工艺和制作状态。

　　此镯受沁明显,镯体大部分已被黑色、白灰色等沁色所占,并伴有黄色土锈,只露有一段模糊的青绿色是玉之本色,综合各种现象判断,此镯应属千年以上之古物。

图 75　古玉手镯

图76 古臂镯,玛瑙,镯体由两只凤凰组成,镯形奇特。凤凰头对头、尾连尾,身上刻有写意风格的羽毛纹,镯形匀称、美观。

此镯在制作工艺上难度较大,是一件成功的、有特色的镯类艺术品,而且,镯体包浆(又称皮壳)明显,老旧感强,此镯年代有待考证。

图76 古玛瑙臂镯

第三部分　老旧镯

The Third Part　Antique Bangles

明清至民国的镯产品称为老旧镯。

老旧镯的存世数量较大,臂镯常见,均以各种石玉制成。清末民国之手镯制品更多,其材质有木、骨、玻璃、银、铜、锡等,纹饰款式丰富,玉石手镯制品反而显少。最为常见的手镯是出自东北、河北、内蒙古、山东、山西等地的银(或合金的)制品,旧时民间普遍使用,其款式具有民族特色和地域风味,收集起来可独成一个小专题,只是本书的重点是展示镯之初始形态,探讨镯之源流,所藏实物也以石玉制成的"石器镯"为主,石玉以外的其他质地镯类产品就不多述了。

明代人陆容的《菽园杂记》里记载的"今人名臂环为镯,音浊,盖方言也"——这一段文字向后人传递出两条镯的历史信息。1. 镯之称出现在明代,原单指臂环,后扩称至手环(手镯)。在朝代更迭的社会变化中,臂环(镯)逐渐淡出生活舞台,女性手环便被称为镯并沿用至今。2. 臂环是男人使用的物品,明代方言称臂环为镯以便与女式手环相区别。看来明代男人使用臂环(镯)的情况较普遍,使用的范围应是民间的劳动者或骑马习武之人,而非文人一类。即使有文人佩戴臂环估计也像晚清文人玩"搬指"一样,只为表现一种风雅而已。早就听老人说"明代以前男人也带镯",看来此言有据而不虚。但这个"镯"字指的是男人用的臂环,与当今女性所用的手镯是不同的。

镯之称始于明代,本书在编排时也以明代为界画一条线了。

图77　老旧手镯,瓷质,断面"D字形",在前面"镯之初的工"一文里将正方形镯坯外圈圆形的称为"弹头形",内圈圆形的称为"D字形",此镯内圈圆形,有釉,釉的边沿处有褐红色线一圈,俗称"火石红",以瓷器的角度断代,此镯是明代之物。

瓷质手镯出现少,此镯制作简单,镯体大部分露胎无釉,估计是用于殇葬的冥器,但此镯是一件很好的"镯之器形断代参照物"。

图77　老旧瓷手镯

图78　老旧手镯,玉质,断面"D字形",此种内圆外方之形,高古镯中不见实物资料,明清镯中较常见。此镯材质属"花玉",本身有多种色相掺杂,镯上又有土沁和蚀斑与石之原色相混,令人一时难以分辨,然而只要仔细观察,找出旧痕,是可以分辨出"先天"与"后成"的。

图78　老旧玉手镯

图 79—图 81,图中的三个手镯,为明清之物,质地属大理石,为汉白玉一类的玉石品种,沙性强,质较粗,不被今人所重,但却被古人视为"白玉"制成的镯,而且历史久远,延续时间长。现存于世的此类白玉手镯,以明清遗存居多,均是出土之器,沁蚀之迹明显。山西、河北、云南、贵州、四川等地均有此类镯出土现世。总体看来,此类白玉手镯无纹饰,但制作较细,推测是当时较流行的女性手镯款式。

图 79　老旧玉手镯

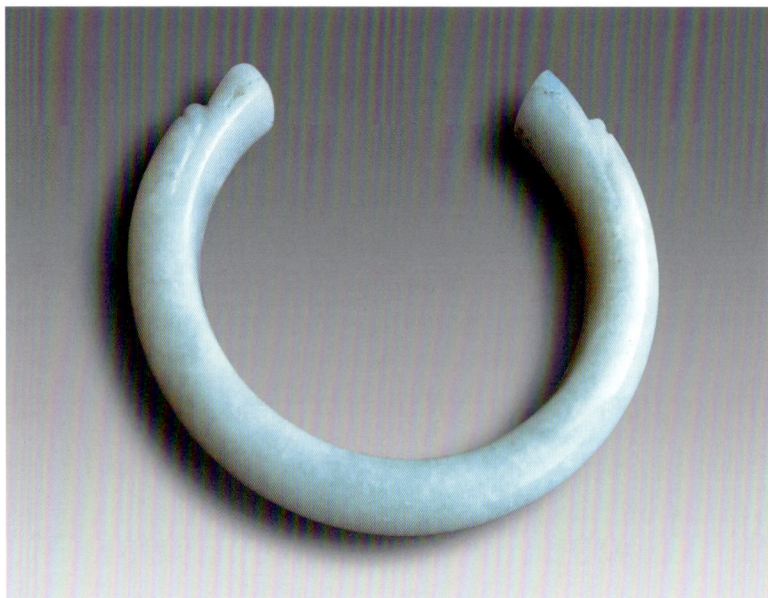

图80　老旧玉手镯

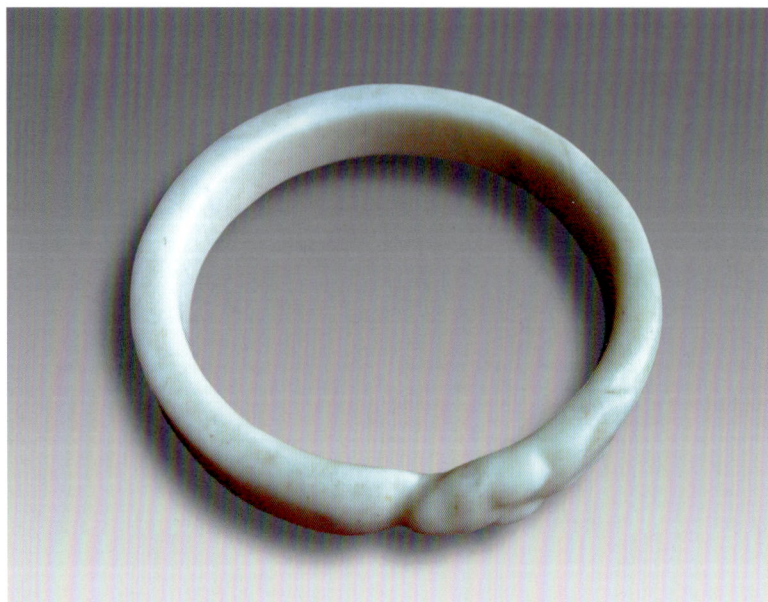

图81　老旧玉手镯

　　图 82—图 84 中的老旧手镯,质地均为玻璃,出土之器,镯上满是蚀点和土沁,属明清之物,其中呈透明状者常被误认为水晶,分辨之要点是:一、水晶硬度高,不易受沁蚀,所以不会有那么多的蚀点布满镯体;二、水晶是石类,密度大,比重与玻璃相异,水晶重,玻璃轻,用手掂一掂便可区分了;三、水晶无气泡,而老玻璃体内气泡明显。

图 82　老旧玻璃手镯

图 83　老旧玻璃手镯

图 84　老旧玻璃手镯

图85　老旧手镯,白玉(玉质细润),镯体外周以镂空手法刻有花卉纹饰。此镯玉质好,工艺好,是一只典型的清代手镯艺术品,因入过土,被侵蚀,有残损,留下了岁月的痕迹,形成了苍老的面容。

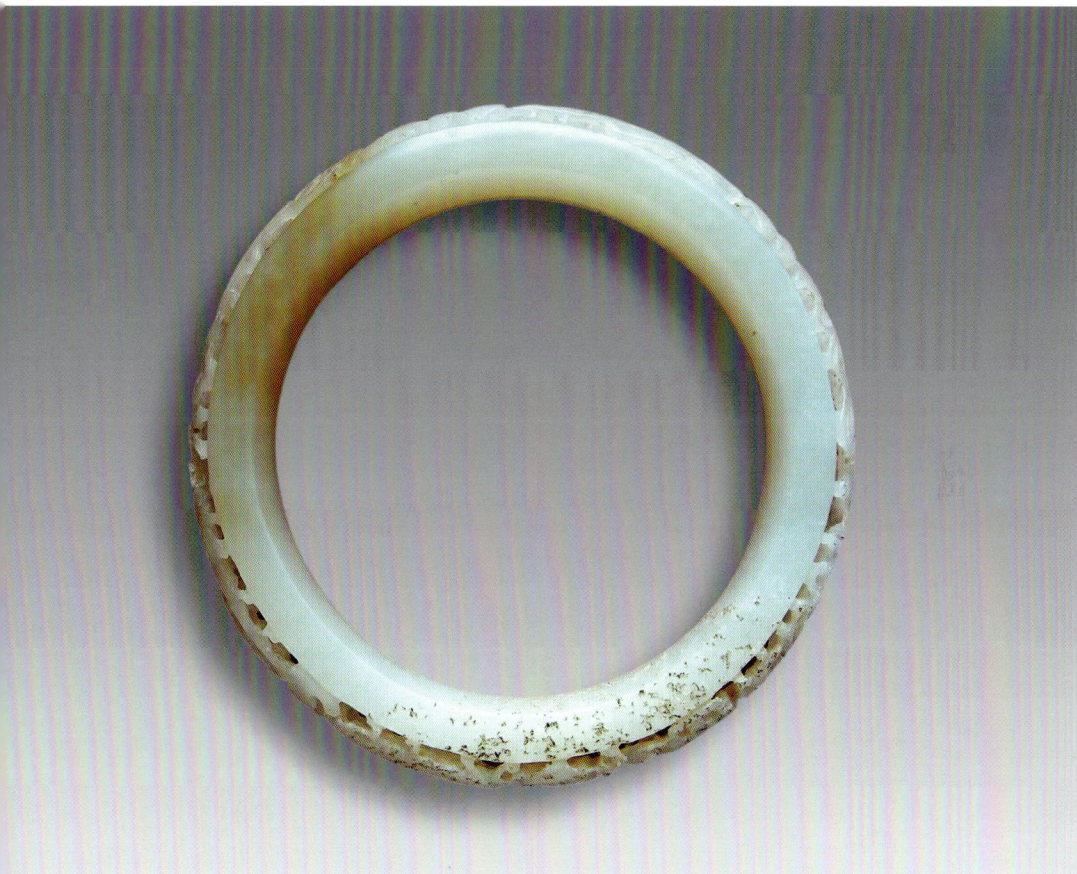

图85　老旧玉手镯

图86　老旧手镯,玉质,其上琢满"绞丝纹",制作精细,整体图案是"二龙戏珠",属清代旧镯。在古籍《通雅》中载有"龙珠在颌"的说法,传说中龙珠被认为是一种宝珠,有神力,可避水火,此种图案在老旧镯中常见,有祈福、避灾、保平安的含义。

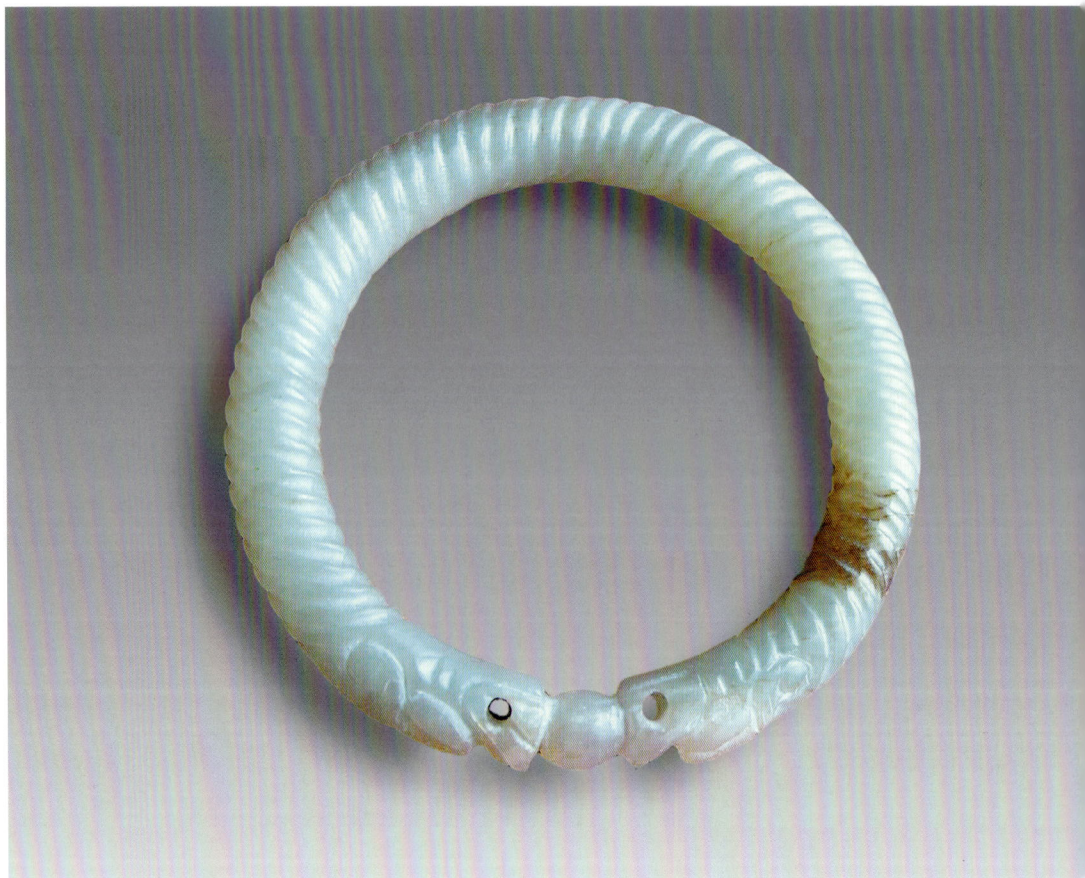

图86　老旧玉手镯

图87　老旧臂镯,玛瑙,此镯玛瑙之红色,非石之本色,是经过高温烧制形成的。在旧玛瑙工艺品中,此类人工烧红的玛瑙较常见,据说由日本传入我国(时间不详),昔日业内称此种红色为"东红玛瑙"。

此图的玛瑙红镯是清代之物,包浆自然,有老旧感,从镯形看应该是满蒙等北方民族的用品。

图87　老旧玛瑙臂镯

图88 老旧手镯,珊瑚,镯体上有虫眼、白斑等特征,圆形规整,小巧秀气,为清代旧物。

图89 老旧手镯,水晶质地(发晶),断面半圆形。水晶在我国使用的历史久远,商周以后有水玉、水精、石英、菩萨石等不同称呼。水晶硬度大,易碎,加工费时,故手镯制品在旧时不多见,今游商常以昔之透明玻璃制成的老旧镯冒称"水晶镯",收藏时不可不慎也。

图88 老旧珊瑚手镯

图89 老旧水晶手镯

图90　老旧手镯,质地煤晶,又称煤精,即煤之质佳者也。以煤制镯,多见于山西,是旧时交通不便、就地取材的实物见证。此镯是清代之物。

图91　老旧手镯,青金石,明清之旧镯,出土之物。

图90　老旧煤晶手镯

图91　老旧青金石手镯

图92　老旧手镯,玻璃。在清代,玻璃是一种贵重物品,那时,朝中五品官员的顶子(一种帽子上的宝石装饰)曾用透明玻璃(替代水晶),可见玻璃在当时之地位。在旧珠宝首饰中,常有玻璃制品,存于今之玻璃旧镯,在那时是一种有较高价值的商品。

图93　老旧手镯,玻璃,清代旧物。

图92　老旧玻璃手镯

图93　老旧玻璃手镯

图 94　老旧手镯,玻璃,清末民初之物。

图 95　老旧手镯,外来玻璃,清末民初,西亚产品。

图 94　老旧玻璃手镯

图 95　老旧玻璃手镯

《镯之初》藏品选◎老旧镯　　**093**〉

图 96　老旧手镯,外来玻璃,清末民初,西亚产品。

图 97　老旧手镯,外来玻璃,清末民初,西亚产品。此类旧镯色彩艳丽,但细看色不匀,表皮有棕眼,有的形不正,多是出土之物,有土沁。

图 96　老旧玻璃手镯

图 97　老旧玻璃手镯

图98　老旧手镯,玻璃,清末民初之物。

图99　景泰蓝老旧手镯,清末民初之物。景泰蓝是一种工艺品(门类),起始于我国明代的景泰年间。

图98　老旧玻璃手镯

图99　老旧景泰蓝手镯

图 100　老旧手镯,玉质,方形。方形工艺较难,出现较晚,属北方游牧民族的特色手饰,此镯雕工较细,年代虽不古老,但存世不多。

图 101　老旧手镯,黑玉。

图 100　老旧玉手镯

图 101　老旧玉手镯

图102 琮式镯,玉质,仿玉琮"天圆地方"之形而制。玉琮是礼器。"外八角而中圆形,八方似地,黄地之色,故以黄琮礼地"。玉琮在新石器时代就已出现,器型厚重,并刻有神秘纹饰。中国的"玉琮王"高30多厘米,重6.5千克(属良渚文化)。琮式镯,是仿玉琮之形的饰物,只形似而体轻飘。历史遗存中,凡有玉琮之形而体单肉薄者(与此镯相似)均有可能是镯一类的饰物,而非礼器也。

图102 老旧玉手镯

手镯，男人也戴过

在现代人眼里，手镯是女性的饰品——这是由来已久的观念和习俗。然而从收集的实物看，情况与现代人的观念有所不同。

手镯是新石器时代的产物。最初的手镯是石制的（玛瑙及各种杂玉等均属石类）。石器时代男女都曾佩戴过手镯，只不过男式的镯粗大一些，女式的细小一些，儿童使用的则更小。总体来看，石器时代男式镯的遗存远多于女式的，这可能与女式镯的制作难度大、产品数量少有关。收集到的实物已经证实，男女同时佩戴手镯的情况从新石器时代出现后在历史上存续了许多年。这种情况在秦汉以后发生了变化。

查阅相关的资料，综合相关的信息后不难发现，石器时代有男式手镯，商周战国也有男式手镯，而秦汉以后，宽大厚重的男式手镯在汉文化区域内逐步消失了，而女式手镯延续了下来并发展下去。到了隋唐时期手镯便退出了男性世界而成为女性独具标识的饰物了。

与此同时，在广大的北方（东北、西北）游牧民族地区，情况又有所不同，手镯和臂镯，男人们一直都在佩戴和使用。从收集到的实物来看，北方石器时代的手镯，男式、女式都有遗存，其中手镯要多于臂镯，高古臂镯的遗存基本出自北方，而手镯南、北方均有出土。与手镯相比，臂镯不单是饰品，还具有实用功能。臂镯的出现与游牧民族骑马射猎的生活习性有关，因而臂镯的使用有可能是从游牧民族地区传入中原的。

分析镯的遗存给人一种印象——在汉文化地区，隋唐以后手镯是女人的饰物，臂镯是男人的用物。在东北游牧民族地区，臂镯是男人的用物，手镯也是男人的饰物。游牧民族保留了石器时代形成的男女佩戴手镯的习俗，并且经历了两汉、辽金、明清等朝代，上下五千年几乎没有变化。这种印象的形成还有一个原因，在镯的收藏过程中可以观察到这样一种情况，南方游商出售的老旧女式手镯多，其中大多镯形清秀大方、制作规整、没有纹饰。北方游商出售的老旧男式手镯多，其中大多镯形粗大厚重、做工欠精、没有纹饰。这些手镯都以各地玉材或玛瑙制成，因素身无纹很难断代，估计这些手镯的年代与近些年大量出土的老窑古瓷一样，多是唐代以后的民间随葬用品。这些实物向我们提供了镯在我国南北方不同地区的存在历史，并且证实，手镯成为女人的饰品并非原来如此，而是历史发展中变化而来的。原本男女同用的手镯为什么在汉文化区域内变成了女性的装饰品呢？这或许与历史上汉文化的儒学理论对审美的影响有关吧。

正当本书在出版社三审定稿之际，无意中有了新的发现——首都博物馆里展有荣禄墓中出土的三对手镯，质地分别是银的、沉香木的和套色玻璃的，做工精美，是荣禄生前的用品和爱物。

荣禄是慈禧太后的宠臣，他墓中的实物从一个侧面证明了我国北方游牧民族直至清末，男士中的一部分人还保留了佩戴手镯的习俗。

第四部分 其 他
The Fourth Part   Others

收藏中,似镯而非镯之物较多,要注意区别。常见的有以下几类:

1．门环——老式院落大门所遗之物,铜质,断面呈圆柱形,环体实心,沉重,无纹饰,并有大小不同型号之分。

2．发箍——旧时束发之物,男女均曾使用,(石)玉质,其形与宽带式手镯相似。发箍分有孔与无孔两种,其历史悠久,易与手镯相混。

3．石玉制成的瑗(或环)——在古籍《尔雅》里,古人对三种圆形片状玉器给出了名称:一、体大孔小的称为璧;二、体与孔比例一样的称为环;三、体小孔大的称为瑗。其文载"肉倍好谓之璧,好倍肉谓之瑗,肉好若一谓之环"。三种器物中与镯相似的是瑗,并且较常见。然瑗是片状,镯是柱状,又不尽相同。据《新华字典》解释,瑗是"一种大孔的璧",但这种璧是好倍肉呢?还是好肉若一呢? 不得其详。看来璧、环、瑗都属于璧类(礼器)。

古籍中虽对璧、环、瑗给出了名称和定义,然而后世并未完全遵照执行。例如民间所称的环与《周礼》所指之物就不一样。民间所称之环,实则是镯,明代以前环是民间对镯的称呼,镯虽然出现得很早,因不是礼器而没有记载和名称,民间以其形而呼之为环,形象也。至于古籍中所指之"环"与"瑗",其概念并未普及流行,民间知其形义者甚少。由于这些历史原因,收藏中要注意镯与瑗(环)的区别。

4．生活中诸种器物之残部件似镯而非镯者有之,如瓶侧之耳、秤杆之环等等,那些形过大或过小,体过厚或过薄之物应引起注意。须知非镯而似镯者不入镯之收藏之列。

　　手串是一种珠子串成的手镯,它是串珠和手镯合二为一的首饰,串珠在新石器时代就已出现,最早的串珠是用于装饰颈部的项串。有研究者认为,将串珠制成手串的做法,是东汉佛教传入我国以后才开始出现的。手串在唐宋时期很普及,尤为贵族妇女所喜爱,古代称之为"钏"(音"串")。

　　手串历史较久,遗存较多,材质和形状也较丰富,比如其珠粒就有圆形、扁形、算盘珠形、管状形、粽子形(三角)、方形、椭圆形、管状六棱形等等。早期的串珠光素无文饰,就地取材,以各种"美石"制成。随着同时代手工艺的发展(亦同玉雕一样),出现了各种文饰,表达了当时的意识和文化。从首饰的历史看,手串远远晚于手镯,它是手镯的变体和发展。

　　图103　由"花玉"制成,珠呈椭圆形,有土沁、蚀孔、蚀斑等旧迹,属宋辽时期的遗存,游商们称之为"辽珠"。

图103　古玉串珠

图 104　老旧玻璃串珠(串饰)，珊瑚质地，年代待考。
图 105　古珊瑚串珠，镯形器，黑石制成，年代待考。

图 104　老旧玻璃串珠

图 105　古珊瑚串珠

图 106 和图 107 两件镯形器,以黑石制成,手工制作痕迹明显,器形特殊,推测是一种生产工具,使用方法不详,年代不详。有人认为,此种工具制成镯形是为了套在手腕上携带方便, 也有人认为此器是一种用于编织 (渔网)的工具,使用范围在我国东北地区,属少数民族用器。年代待考。

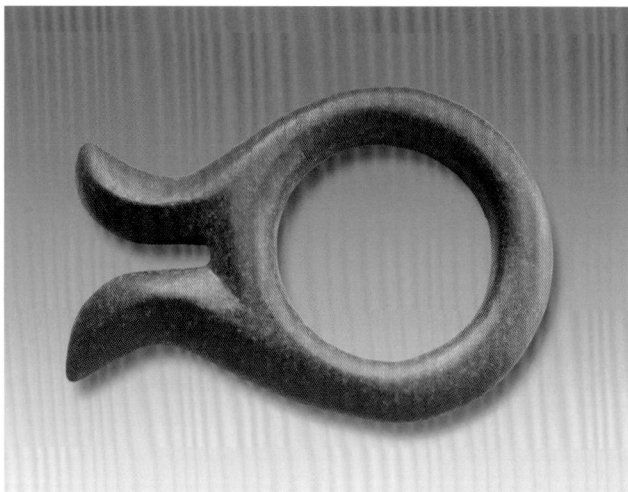

图 106　镯形器

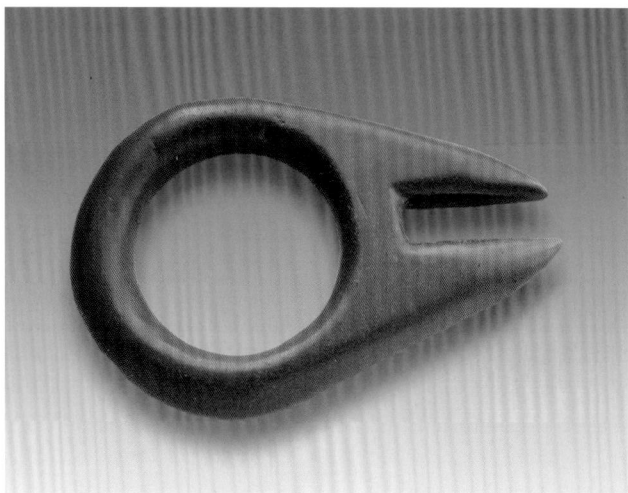

图 107　镯形器

图108 镯形器,以青玉制成,其上有"神人头面纹",推测是一种宗教法器,或驱邪镇凶的吉祥物,从土沁包浆等特征看,此器是出土之物,其年代和用途有待考证。

图108 镯形器

古籍《尔雅》中载:"肉倍好谓之璧,好倍肉谓之瑗,肉好若一谓之环。"("肉"即边体,"好"即中孔)

图109　新石器时代的高古玉璧,其肉数倍于好,即体大孔小。

图110　新石器时代的高古玉环,其肉好若一,即体与孔的比例较平均,基本达到1:1。

图111　新石器时代的高古玉瑗,其好倍于肉即孔大体小,与镯类似。

三图均是古时的礼器或饰品,都是雅物。中国女性用名,璧、瑗、环等出现较多,足见受古玉文化影响之深。

璧、瑗、环三种圆形器物中,与镯最相似的是瑗,但瑗是薄体,有的断面呈片状,有的断面呈三角形,外周呈斧刃状,显然不适合戴在手上,古书上说瑗是"召人所用物也,其制类璧,惟孔特大耳"。

图109　高古玉璧

图 110　高古玉环

图 111　古玛瑙瑗

图112 高古突唇璧,新石器时代南方之物。此璧中心突起,外沿锋利如刃,很有特色,与中原地区的玉璧在器型上有较大差异。

图113 宽带式镯形器,有人称之为"环",玉质,出土之物,直径9厘米,体重肉厚,似镯之形而非镯也,其用途有待考证。

图112 高古突唇璧

图113 宽带式镯形器

　　图 114　发箍,玉质,与镯形似,不同之处是其体上有圆孔六个(三对)供发簪对穿,以固定头发。发箍早在新石器时代就已出现,最早的发箍是玉石制品。发箍的历史虽久远,但遗存却罕见而珍稀,图上发箍以岫玉制成,体上以阴线刻有蟠螭纹,工艺较好,为元明时期的民间用品。

图 114　古玉发箍

图 115 高古玦,玉质,新石器时代之遗存,此物与镯形似,因体上有一缺口,按古之说法应称为"玦"。资料显示,玦有大小之分,差异大,器型有的类似璧,中孔小(见图56);有的类似镯,中孔大(如此图器之形)。其共同点是体上有缺口,即古书所言"形如环,四分缺一"。

图 115 高古玉玦

图116 玛瑙环,此物之形罕见,手工制作特点明显,其用途看法不一,有人称此物为"出廓环",认为是一种臂饰(即臂镯);有人称此物为"钺",认为是一种吉祥物,因古石玉器中无此种形制。故推测此环应是我国东北部少数民族所用之物,年代待考。

图116 老旧玛瑙环

镯之事

镯在中国历史悠久,使用普遍,自然也留下了历史故事。中国名气大的镯有李老君的"金刚琢"(又称"金刚套")。李老君,又名"太上老君",是道教级别最高的三位大神之一。李老君的原型是道教的理论奠基人——老子。据考,老子是战国人,真名叫李聃,"金刚琢"是李老君的宝物,法力无边,可大可小,伸缩灵活,随心所欲,用时可当武器,不用时,套在左膊上,携带方便。在小说《西游记》里,猴王孙悟空因不满玉皇大帝给他的"弼马温"一职而大闹天宫,搅得玉皇大帝不得安宁,众多天兵天将、四大天王、二十八宿等神仙都拿不住他,无奈,最后太上老君上阵参战,抛出"金刚琢"将孙悟空击倒后擒住扔入炼丹炉。这就是著名的《孙悟空大闹天宫》的故事。

中国名气最大的镯还有哪吒的"乾坤圈",哪吒是陈塘关总兵李靖的小儿子,由太乙真人的弟子灵珠子转世而来,负有兴周灭商的使命,在神话小说《封神榜》里,哪吒出生时右手上就"套有一个金镯",此镯名"乾坤圈"是一件威力巨大的武器。哪吒七岁时,因年幼无知用"乾坤圈"先后打死了与他发生口角的巡海夜叉李艮和龙王三太子敖丙,从而闯下大祸⋯⋯这就是著名的"哪吒闹海"的故事。京剧《拾玉镯》、《勘玉钏》都是与镯有关联的故事,前者讲的是以镯为媒,使男女有情人终成眷属的事,后者讲的是以镯为线索成功侦破古代命案的故事。

长期以来,在中国人的生活中镯是饰物,也是礼物、信物和定情物。男人给自己"恋中人"赠镯定情的行为很普遍。据说这是希望"套住"对方,使对方"不变、不离开"也是一种爱的表示和愿望吧。

因为是礼物和信物,镯的材质显得非常重要。过去官宦和富人家的女眷所用手镯的材质是比较高档的,在那时是一种身份的显示,也是一份财富的储存。我曾在四川某地见到一位军阀遗孀,她有一只绿色的翡翠手镯,以现在的市值估价,肯定是惊人的(不过那已经是三十年前的事了)。

数千年来,以玉石制成的镯一直是"镯子世界"的主体,正如西方人认为水晶可以"通灵",蓝宝石可以"避灾"一样,我们的先辈也把美丽的石头视为"神奇"。他们将各种美石统称为玉,并用玉制作成器物或放置在家中,或佩戴在身上,以求达到镇宅和驱邪护身的目的。

从玉石有灵可驱邪到玉可护身、保平安,中国人爱玉重玉的情结由此可见,并形成了传统。至今为止,手镯的制造仍然是以各种玉石(包括玛瑙、青金石等)为主,正是受这种传统影响的结果。

然而,需要注意的是:当今高科技的运用使大量仿玉产品出现在市场上,使人们很难分清自然与人工合成之间的区别,也很难分清值几十元与价值几万元的玉石或翡翠之间的差别。

赝品的大量存在给材质的认定带来了困难,并使人极易上当。因真假难辨,高档品也显不出富贵与优越了。在此情况下,一些人突破了传统思想,在手镯的选择上她们不再看重材质,转而注重手镯的个性和特色,以彰显女性魅力,追求与众不同。试想一下,如果古代的手镯也和现在的一样,摘下来分不清谁是谁的(其实高档的都是一样绿或一样白),还有《拾玉镯》、《勘玉钏》的故事发生吗?

第五部分 赝品与辨伪

The Fifth Part　Counterfeit and Discerning Power

世界上有阴阳,有正反,有善恶,有美丑等等。凡事都有两个方面,不可避免。因此,赝品假货是收藏中必须面对的。赝品的存在增加了收藏的风险和金钱的付出,同时也会促使收藏者提高水平、促进鉴定行业的发展。赝品的存在是坏事,相反也是好事,因为真假难分,真品也少人识,价钱上不去,这为那些敢于冒险,又具有一定水平的收藏者,提供了低价淘宝的机会。尤其是近年来的一些出土瓷器,其中不乏佳品。一些高手利用赝品的存在"浑水摸鱼",颠倒黑白,压低价格,淘得真品,乐在其中。

辨伪是一种技能。所谓眼力,是由经验和知识构成的一种判断力。鉴定是一门学问,是对比学,选择一方、排斥另一方。古玩是分门别类的。瓷器、铜器、玉器等等,各门类都有自己的专业知识和评判标准。不学习相关的知识,不知道相应的评判标准,是不能获得辨伪技能的。能否辨伪(鉴定),实践重要,理论学习也重要。看书看图录,多看真品实物,参观博物馆,向业内人士请教,向地摊上的摊主学习,到市场上去购货实践,磨炼,并不断总结正反经验,全方位地训练自己,眼力(即鉴定辨伪能力)才会提高。有一点需要注意的是:古玩行里没有神仙和百战百胜的将军,要向多位内行请教,真伪定论不能只听信和依靠某一个人的判断。

当前,市场上假货泛滥,赝品层出不穷,变化多端,令人防不胜防。本书里所列赝品实例,仅是造假手段之一部分。要想少上假货的当,减少损失,办法是不要脱离实践,脱离市场,要多观察市场上藏品的信息,注意造假的动态,对新出现的东西和自己不懂的东西,不要急于购进。

有一句交通警示语用在收藏上很合适,那就是:一慢二看三通过。

图117 手镯,赝品,其上刻有二龙戏珠图案,刻工差,用料也不佳,龙头上的血渍是用鸡狗等动物之血做成的,镯体表面光亮油腻是油炸的结果。

图117

图 118　手镯,赝品,断面呈(竖)长方形,外周呈三角形,镯体饰有神兽纹,此种纹饰是良渚玉器的典型特征。此镯有老旧之感,但疑点有三:其一,做工不古,手工痕不见,镯面平滑;其二,刀味不足,神兽纹刻画线条顺畅,少刀刻之味;其三,沁色呆板,无层次色差,缺乏入土久远之沁迹,也有人认为此镯系"老玉新工"。

图 118

　　图119　手镯,赝品,山西造,且产量大,许多地摊上均可见此类镯之身影,刻工粗糙,沁染浅浮。

　　图120　手镯(武士镯),赝品,仿战国纹饰,镯上之沁赃而杂,并伴有油蜡之光,刻工较细,但用料很差。

图119

图120

图 121　手镯,看似老而实则不老,镯上点点洒金不是沁色而是玉石本身之杂质。

图 122　手镯,赝品,镯上的两处"裹体灰皮"是人为做出来的并非自然天成。此类赝品市场较多,新手易上当。

图 121

图 122

图 123　手镯,看似旧而实则不旧,镯体上的个个蚀洞是天生的,是此种"花玉"先天不足的缺点,此种先天形成的蚀洞经过制作程序后,蚀洞的口沿锋利如刃给人生硬的感觉,而后天形成的蚀洞口沿较圆钝(参照前文图23进行对比)。

图 123

图124　手镯,现代工艺品,其上的黑色沁是石之本色,非土中之沁色(其黑可与前文图42进行对比)。

图125　手镯,赝品,镯上的两处"白残块"是人工所为而非天成。此类赝品市场较多,稍有市场阅历者不难识破。

图124

图125

石器时代古人十天半月细细磨,方可得石镯一只,而今人在现代化的生产条件下,一分钟便可生产石镯一个。因石镯今日造之易,得之易,故产品堆积如山,年产量以百万计。

从石玉制镯的历史看,古人取形多样,用材广泛,远胜于今人,而今之玉镯,只注重材料质地,不重纹饰式样,致使各地之柜台内千镯一款,万镯一式,规格大统一,失去了个性和特色。

以下两图是北京潘家园地摊上的手镯批发情景,国内此类批发点之多,不可统计,对比当今的发达与繁荣,更让人感到古镯之不易与古镯之珍稀,同时也在提醒人们选择手镯时要注重与众不同。

向摊主们致谢
Thanks to the Stand Owners

　　此书中的实物来自地摊，是"地摊货"构成了本书的专题。为此，我要感谢那些摆地摊的人——就是那些跋山涉水、走街串户，将收购的旧物转手卖出，赚取差价以养家的人。

　　说起地摊，人们都知道那是一个机遇与风险并存的场所。经营地摊的人私下里通常被称为"贩子"。然而，正是这个不被人看重的群体提供着丰富的货源，支撑起了中国庞大的民间收藏市场，成就了许许多多的古董商、收藏者、研究者，也成就了我的收藏。可以说没有了地摊，就没有了收藏；没有了"贩子"，也就没有了故事。

　　在古玩阶梯形的交易中，地摊处于最底层，"贩子们"奔走于城乡之间，蹲坐于寒暑之中，寻货、出货很是辛苦，是古玩界里的"农民工"。

　　如今，这个为收藏市场发挥着重要作用的群体，正逐步被认识和尊重，人们在公开场所已称呼他们为"摊主"或游商。

　　曾经让人心动和期待的地摊，如今已没有了往日的神秘和含金量。虽然充斥着假货，布满着陷阱，但地摊仍然是当今收藏者们的乐园。地摊给了我们一片广阔的天地，让我们实践、学习、选择、对比；让我们辨真伪、练眼力、长知识、增阅历；让我们有机会搜寻未知、发现历史；让我们在失误

太原市南宫古玩市场

中成长、变大变强。

　　当流动的时光将今天变成昨天，将现在变成过去，望着一件件实实在在的藏品，时光被定格，经历过的不是梦，不是空，不是虚拟。感谢摊主们提供的丰富货源，使我们有机会发掘文化，变平庸为神奇！

　　地摊成就了我的收藏，地摊满足了我寻古好奇的个性需求。不独是我，我发现不少人对地摊"很感兴趣"，比如，双休日的北京潘家园地摊集市，人头攒动、热闹非凡，可以见到不同肤色的"老外"，还可以见到一些名人的身影，是一个消遣休闲的好去处。在此拼凑打油诗一首，以记逛摊之乐：

地摊乐

　　地摊藏有宝，赝品也不少，真似假来假似真，眼力最重要。

　　地摊藏有宝，凡宝不易淘，只有财力无眼力，白白掏腰包。

　　地摊藏有宝，你要去得早，可求之物又可遇，如果运气好。

　　地摊藏有宝，人人在寻找，八方豪客斗地摊，砍价过过招。

北京报国寺外晨摊小景